AF345417

EL CIELO ESTÁ
EN TU SONRISA

CHRISTIAN CORTEZ ABANTO

EL CIELO ESTÁ
EN TU SONRISA

EXLIBRIC

ANTEQUERA 2021

EL CIELO ESTÁ EN TU SONRISA
© Christian Cortez Abanto
© de la imagen de cubiertas: Julio Granados. https://www.juliogranados.com/
Diseño de portada: Dpto. de Diseño Gráfico Exlibric

Iª edición

© ExLibric, 2021.

Editado por: ExLibric
c/ Cueva de Viera, 2, Local 3
Centro Negocios CADI
29200 Antequera (Málaga)
Teléfono: 952 70 60 04
Fax: 952 84 55 03
Correo electrónico: exlibric@exlibric.com
Internet: www.exlibric.com

ISBN: 978-84-18912-43-6
Depósito Legal: MA 1261-2021

Nota de la editorial: ExLibric pertenece a Innovación y Cualificación S. L.

CHRISTIAN CORTEZ ABANTO

EL CIELO ESTÁ EN TU SONRISA

Prólogo

Si algo caracteriza a Christian Cortez Abanto es ser un buen padre. El reflejo de esa paternidad está expresada en este libro, un poemario que proyecta sobre sus páginas la personalidad del autor. Es una fuente de valor que renueva al género en nuestro tiempo y —hasta podría decir— adquiere carácter revolucionario. Más aún, en épocas baumaneanas, en las que hablar de inclusividad y respeto se antoja relevante para conversaciones de escritorio o pleitos en medios y plataformas digitales, tan usados como desprestigiados.

Christian actúa guiado por un inalienable instinto familiar, de amor al hogar, de amor al cultivo de la tierra y a contemplar la vida en quietud, en medio de una sociedad nueva que crece creyendo que vivir veloz es sinónimo de progreso. Encuentra en Matías, su hijo mayor, la inspiración más sencilla y cercana para deslumbrar a sus nuevos lectores y a los de siempre; explora los hechos cotidianos con simbolismos y no duda en partir en viaje hacia lo inédito amparado en sus recientes estudios de Astronomía a distancia en la Universidad de Arizona.

Lanzado al infinito desde su telescopio, Christian retoma su talante de aventurero infatigable. Sus obras anteriores son muestra de ello. La última, *Todas las noches, otros diluvios* (2016), sirvió como exploración del soneto y el palíndromo, y encontró en su portada el deseo de ver las estrellas, que hoy se materializa. *Tiempo propio* (2015) constituyó una larga investigación acerca de la forma estrófica de la décima, sus variantes y su constitución musical. El proyecto contenía espinela, pareado, pecho quebrado, copla real, décima sin estructura, entre otras, compuestas por él y arregladas por músicos de Hispanoamérica. Aquí se incluye una canción dedicada a Matías, vaticinio de lo que hoy nos presenta. *Décimas cosas* (2014) es un libro igual de revolucionario como hilarante: piezas teatrales cortas cuyos diálogos se esgrimen en décimas que parodian acontecimientos políticos, sociales y culturales. Previo a la publicación, prologada por el repentista cubano, mundialmente aclamado, Alexis Díaz Pimienta —con quien mantiene cercanía hasta hoy—, se gestó un movimiento de revalorización de la décima en Hispanoamérica, que culminó con el Festival Internacional de la Décima en su primera y segunda edición. *Lima* (2014 y 2015), que llevó al propio Díaz Pimienta y a innumerables cultores hispanohablantes a encontrarse. Finalmente, *La historia con ellas* (2013) simboliza un primer acercamiento a la poesía, con imágenes hoy consolidadas. En esta joven publicación realiza el epígrafe el ganador del Oscar, Jorge Drexler, mientras que su hermano Daniel realizó el epígrafe del último poemario publicado.

Su cercanía a los Drexler lo llevó a entablar amistad con el compositor nominado al Grammy, Jorge «Chino» Sabogal, con quien salió de gira por España, Andorra, Suiza y Francia durante 2017 y realizó presentaciones ese año y en 2018. En la actualidad, se respaldan en campañas publicitarias y asesoran a empresas en materia de comunicación.

La experiencia ha hecho su verso categórico, humilde y de vanguardia, contrario a jóvenes voces que rebautizan sus poemas en cada golpe de mesa de bar. Christian se ha constituido como un abstemio, cansado de la monotonía de los lugares habituales donde se recita poesía, sin interés por ser el primero en concursos poéticos más que en el corazón de su hijo y en el seno de su familia. Abocado a sus actividades observando el cielo y con un régimen de vida en el deporte —además de entrenar a Matías en natación—, y por momentos alejado de la ciudad, lo tuve que persuadir para que escribiera este poemario.

Los textos que usted encontrará en estas páginas resuenan a Mallarmé, para quien el poema era un objeto verbal, cuya validez es absoluta. Resuena al simbolismo de Rimbaud, quien proclama la alquimia del verbo. Resuena a Baudelaire, quien se zambulle siempre en lo desconocido «para encontrar algo nuevo». Eso nuevo, en estos tiempos, es un amor desbordante y «de otro tipo»: un amor inconmensurable de un padre a su hijo.

Silvana Lizeth Acco Carbajal, diseñadora y reseñista

PRENDER Y APAGAR ESTRELLAS

Nos vestimos de noche en la ventana.
Las plantas del marco se mecen
como bosques otoñales.
Hay una planta de Brasil,
un limonero y dos naranjas.
Las raíces de las paltas
forman su propio ramaje
en transparente soledad.
Todas las hojas son pequeños altares
para tu sonrisa,
que se extiende
por las habitaciones y pasillos;
la misma fuerza traviesa
que desvanece guijarros y angustias
de nuestro planeta.
Hay un temblor en el cielo.
Hay mundos y ciudades
como lámparas encendidas
y cielos uniformes que te quitan las palabras.
El silencio es la expresión
del reino incalculable camino al amanecer.
¿Quién dejó ahí tantas estrellas
que nos miran como a un pasado?
Quiero saber si tu boca celeste

hace crujir las constelaciones.
Muda la tierra a lo lejos,
no olvides la voz que florece
al reverso de la inmensidad:
somos los dos y la noche.
Los dos y un gran lente,
que es un barco de sueños viajante.
¡Aviva el canto con tu lengua astronómica!
¡Trepa la mirada, enfoca el lente
y apunta al abismo!
Hay una molestia de labios:
aún cuesta navegar en los cielos.
La vida en la tierra también tiene barcos y vientos,
y ecos, nubes del alba, colchones de neblina,
y una voz de mando que hereda el navío.
Mi experiencia son solo lecciones
que te restarán insomnios y laberintos.
Nadie nos volverá a moldear de arcilla,
seremos un murmuro
que se levantará como una bandera
para ser luciérnagas entre penumbras.
Los mundos y ciudades
como lámparas encendidas
serán la llegada de nuestro propio corazón,
nutrido de colores.
Tus ojos se intercalan y trepan en el lente.
El gran arco del horizonte lleno de puntos
está listo para conectarse a tus dedos
como un interruptor.

Apagar y prender estrellas,
tomar trozos del universo algunas noches
mientras te abrigo del frío,
sosteniendo tus brazos y tu ser infinito.

EL HUERTO DE LA FAMILIA

Mi niño
rompe su época de conexiones digitales,
bautizadas de progreso.
Los rayos del sol se van formando
por cantos de gallos que desde la casa
me hacen ver brumosamente viejo.
Mis canas al aire y mi cabello largo eterno.
En sus manos,
la dulzura de los sonetos de antaño
que se volcaban en el ideal
de los pueblos en libertad.
Los niños por los girones,
la cara perdida de las codornices,
la danza de los tumbos que abrazan los palos
para colgarse y dar frutos.
El verano tras el verano
que en la regadera cae
para florecer el huerto.
La memoria de los siglos
germina desde una semilla.
Hace un huequecito en la tierra fértil
y ahí están:
las remolachas, los maracuyás, los mangos,
un bosquecito de menta
que forma cortinas y sombras
para hacer figuritas con las manos.

Le cantas a las plantas,
el sol se riega por cada tallo y hoja,
mientras las sonrisas caen a la tierra
con sus nutrientes definitivos.
Los susurros
vienen como un puñado de ruiseñores
y las mariposas se tejen al paisaje
como cometas que acercan y alejan
la profundidad del cielo brilloso
que te ciega de risa.

A QUÉ DEBEMOS TEMER

Todo debe sucedernos de algún modo:
romper el hierro de las estructuras mentales,
distinguir la verdad entre lo aparente,
enfrentar el frío vivo de las calles vacías
que dejan miles de historias
que cambian a diario de rostros y vestidos,
y que tienen fascinación
por lo superfluo y voluminoso.
Toda esa fuerza torrencial confunde y desarma.
Toda edad es perfecta para las reglas del mercado,
los rincones ideológicos como tumultos
que se empujan firmando distracciones
y la continua caza de conceptos internos.
Algunos hombres no corresponden a su naturaleza,
sino al ruido siniestro de los pechos cerrados.
El miedo no debe llenar las casillas de tu tablero.
Hay que cegarlo de su destino, y a su destino,
puesto ahí como una advertencia,
desterrarlo como un relámpago entre los astros.
Enfrentar el miedo
no es huir de las maravillas del vértigo.
Dios es un vaso caliente de sabiduría
que se abre como un paracaídas
cuando dices creo.
¿Lo has oído?
Una palabra tuya es un descubrimiento

que desde la punta del alma
nos sitúa en esta viajante esfera celeste
ante la inmensidad de los rieles del cosmos.
Las flores huelen a tus mejillas.
El malecón es un llano de silencio.
Los pies nos conectan con lo que somos
y con nuestra herencia.
El abrazo de un padre y su hijo
es un milagro infinito.
Hay un imperio de luz que nos acompaña
con su tintineo.
Tanto somos, llenos de significado,
que por donde surge el mar para los novios,
surge el mar para los peces.

CAZAR CASCADAS

Vamos a cazar cascadas.
Sobreviviremos atados a la aventura
que alumbra el azar
y nuestras vagabundas fascinaciones.
Excavaremos el aire hasta encontrarlas.
Las paredes ancestrales de las montañas.
A caballo y de pie,
surcando ríos hipnóticos, cuyas quebradas
suenan entre mis venas
al compás anterior de estos tiempos,
cuando se hacían los mundos,
cuando cascadas eran helados arpones
o un don de la naturaleza de fatal contemplación
para cualquier especie.
Con solo remontarlo
siento un frío riesgo en mis manos.
O puede ser que la naturaleza
haya erosionado la carne de la tierra
y los huesos de la tierra,
y tallado con lentitud su perfecta desolación.
Aquí tengo lazos y trapos,
y un puñado de palabras de náufrago.
No sé si bastarán para la hazaña,
pero no te importa.
Hay una gruta en tu interior
donde la fe se fortalece.

Las horas pasan y llega la absoluta sed
que baja los párpados
mientras un rebaño sobre las lomas
parece comer estrellas.
Llegó la hora de acampar amarrados
a la puerta de la cascada.

El pequeño astronauta

Pensemos que es un tren
el que viaja al cielo nocturno.
Apoyarás los labios en el cristal
del casco extasiado por contemplar
la frontera del globo.
Saldrás del líquido amniótico que nos alimenta.
Partir fuera de nuestro mundo
es un nacimiento.
Las estrellas te darán maíz en tu boca celeste.
Los planetas te contarán historias de héroes,
lobos blancos, felinos carmesíes
serán los guardianes de los finales más felices
que asomarán esos nuevos tiempos.
El sol te acariciará con un terso rayo.
Abríguenlo. Protéjanlo.
Lo primero que verás
serán la luna, planetas y arañazos luminosos.
Aprenderás que el tiempo es una estructura mental
que se escurre entre los dedos
de quienes temen su paso.
Que no te preocupe crecer
ni los infatigables recuerdos que eso trae.
Pronto seré un extraño entre extraños,
pero me volveré un pájaro luminoso
que adorna veleros en su caravana estelar.
Estaré contigo en todas partes y de igual modo,

siempre que en tu corazón
siga el canto vivo del amor,
de lo que estamos hechos:
átomo, palabra, nave, estrella y universo.

Estudiamos Astronáutica

El anhelo de las estrellas
es un legado galopante desde que Dios
creó al hombre.
Desde la arrugada mirada
al fluorescente de la sala de parto
donde te constituiste materia estelar.
El grito de nacimiento es un golpe de mesa,
un eco, un disparo, un big bang.
Has entendido tu conexión inexorable
con las constelaciones,
las zonas habitables
donde caerás en paracaídas
para hacer tu tarea ineludible:
la ascensión del alma,
la paz tras los enigmas
que se diluyen como falsos profetas.
Propulsión, mecánica de vuelo,
conducción e historia
se arremolinan y alargan
en mi memoria enterrada por los años.
Estudiar a tu lado es deshacer tinieblas
y romper huesos,
rociar aceite a mi pausado atardecer poético,
a la sobremesa y a la traviesa lógica

que es un animal errante entre hemisferios.
Tu entusiasmo es una tempestad de pájaros.
Tus dedos bailan entre las hojas del libro.
Tus ojos son mareas con ansias de un mundo abisal.
Ahí plantarás preguntas como continentes
y surgirán historias como hombres,
y descubriremos el fuego
del inicio y fin de la creación.

LA VISITA AL CORONEL

«La voz del coronel no es su voz»,
me dices.
Suena a una voz que nadie oyó durante años.
Hay charcos, errores, tormentos, palabras
de un idioma que ya no existe,
pero que se multiplican como un cuarto
de espejos insoportable.
Su voz es un centinela con estacas en las manos.
Su voz es su voz articulada al revés.
Su voz suena a años que se pronuncian en segundos
y suena a mi voz, sucia y erosionada,
por su solo tránsito.
Mi voz es un acantilado que no te deja de conmover
y posas tu oído como colgándote de una rama,
para sentir los consejos
que te harán liberar tu propio sonido.
La voz del coronel no avanza ni retrocede,
pero su mirada transmite
un cielo entreabierto de posibilidades.
Te prepara para que tu corazón no se apague
ni se confunda por las cerraduras
del estilo de vida que has elegido.
Te muestras seguro.
Eres una antena que emite con su bastón metálico
la inconfundible voz que tendrás en el futuro.

ATARDECER DE MANZANAS

La abuela trae un tazón de manzanas.
Ha abierto el pecho de las frutas
como las ventanas y las puertas
de los cuartos en el verano,
enérgicamente.
La piel jugosa aún palpita las raíces del árbol.
Ahí está su propia música interna:
las capas de la tierra
que se mueven en sigilo
para perpetrar el milagro de la vida.
La tierra ara la tierra.
Sabiduría es lo que hoy comemos.
Los frutos son los regalos
que prenderemos al sol para secarlos.
Son aerolitos que al azar
regaremos de vuelta al suelo
en el que alguna vez habremos de terminar.
De nosotros emergerán árboles
en suprema construcción.
La piedra, la tierra, la lluvia,
el paso de los días, el viento estelar.
Seremos carbón interno
y de nuestras manos nacerán
hogares para los pájaros.
Una colmena de oro construirán las abejas
con deliciosa ansiedad al canto de sus dientes

cerrados y soplidos.
Volarán y caerán enloquecidas
las codornices que te divierten.
Seremos el techo de los perros,
harán huecos en nuestra piel ardillas
para esconder los tesoros más preciados del campo:
los frutos de los milenios, sus crías, sus presencias.
Estaremos acompañados por la creación
que nos acobijó.
Oxigenaremos al mundo y lavaremos sus manos.
Haremos tanto por ese presente
que los humanos ni lo notarán.
De nosotros caerán manzanas,
grandes y pequeñas,
y abrirán su pecho
para entregarse en perpetuo ciclo,
sin girar la mirada hacia su antigua existencia:
solo servir de alimento y recordar,
pedazo a pedazo,
nuestro lugar en el lecho de la obra divina.

PASEAR A LOLA EN EL PARQUE

Lola tiene en la mirada la nostalgia
de una plaza colonial.
Su andar de autoridad doblegada
por el amor a las tierras descubiertas.
Salta de arbusto en arbusto.
De latido en latido.
Es una ruma de entusiasmos
vestida de peludo encaje.
Le hemos enseñado a comer pasto del campo,
del parque y hasta de las macetas
que brotan como pañuelos de paz.
Lola tiene manchas de colores
y aunque sabe que no llegará a ser arcoíris,
terminará en los bosques del cielo
lamiendo las nubes.
Morderá relámpagos y escarbará remolinos,
se harán tormentas como ladridos
y la luna aullará enérgica sobre el mar.
Lola será la guía de los navegantes,
fábulas en los niños,
el ser que hace los arañazos en la puesta del sol
que el hombre contempla con reminiscencia.
Lola son dos sílabas que se levantan sobre ti
para saludarte y llevarte de paseo

cada tarde y cada tanto.
Son dos huellas equidistantes de lucidez
para excursionistas.
Son la guía que se sacude con elegancia.
Sin olvidar su cola,
aquel látigo insolente que acaricia
y cosquillea los días más grises,
y enaltece las alegrías más profundas.

LAS TARDES CON LOS ABUELOS

El cine, las carcajadas y las palomitas
que llueven de la fuente a la cama
como del pasto al rocío.
Dulces y saladas combinaciones
de atardeceres familiares.
Clásicas películas,
cine que se teje como un tablero de ajedrez.
Cine que enmudece.
Cine que suena a gritos oceánicos en sus tacones.
Coreográficos y desmesurados.
Divertidos y complejos.
Reales como los viajes
que hacemos por el universo.
El abuelo en su largo sofá,
la abuela sentada en susurro comentario
sobre cada escena con un hilo elíptico
que intenta descifrar,
apostando a la suerte del desenlace.
Estoy a tu lado con la comida,
las teorías y el subtexto.
Descoso los mensajes
y genero películas nuevas
que se conducen
por el claroscuro del misterio y las motivaciones

más encriptadas de sus personajes.
Puede ser que la cinta vista haya terminado,
pero la carretera de la nueva creación
se convierte en fuente de comentarios y discusión,
de palomitas en peligro de caer
por el borde de la cama:
ese pequeño abismo que evitamos
por más agitación de ideas novedosas.
Nueva película. Llueven palomitas
como algodones de luz
que reflectan el nuevo comienzo del metraje.
Los créditos iniciales son el silencio preámbulo
al ciclo de cada tarde en casa con los abuelos.

LOS BOLOS SON LAS ESTRELLAS

Juguemos bolos con las estrellas.
Acerca esas canicas estelares
y arráncalas de su oscura lejanía
para colocarlas entre tus dedos como anillos.
Gíralas como a un bombillo.
Elévalas y suéltalas sobre la pista
de un nuevo universo que se extiende
como una lengua cósmica.
La estrella mediana o la gigante roja
o la nebulosa planetaria.
La enana blanca es un pendiente
que puede colgarse sobre tu abrigo.
O quizás con la estrella masiva
o la supergigante roja sirva al triunfo final
de la partida por el borde maravilloso
de tu extensión hacedora.
En lo alto, carrozas de fuego ven tu desempeño
y lanzan palmas como aeroplanos.
Rebota en solitario una supernova
que se incrusta o arriba o abajo,
y nos ciega de luz como una novia en el altar.
De sus manos nacen púlsares y agujeros negros,
y una danza solitaria que respira
hacia dentro de su propio abismo.
Heridas las estrellas,
completan su fase para una nueva partida.

SON TUS TÍAS VISITANTES

Son tus tías visitantes.
Una cura idiomas y la otra cura enfermos.
A los Reyes Magos inspirarían envidia o temor.
Traen los más preciados regalos de lejanías:
caricias en sellados frascos del Medio Oriente,
manjares que emergen de riesgos incalculables,
perfumes de vientos huracanados
de la separación de los continentes
en el día de su adiós.
La primavera hecha crayones para pintar sueños
y muñecos cometa esgrimidos con hojas de plátano.
Vienen con cansancio y ansias a ver al niño estelar.
Las recibes con tu colchón de caricias
y aventuras espaciales.
La casa es una enorme sala de juegos
o largos caminos de travesuras
como trampas para la risa.
El abuelo te atrapa. La abuela aplaude.
Papá te cosquillea. Las tías contemplan
nuestro sistema solar en armonía.
Giramos y corremos por los pasillos
y por todas partes está la fuente creadora
de la familia o conjunto astronómico.
Alimenta nuestros ecosistemas individuales
con sus rayos
y provoca las precipitaciones más significativas

que maravillan nuestra inexplicable
presencia astral.
Cada visita es un regalo
y es una alineación planetaria.
Nos recuerda el amor
que gravita en cada corazón nuestro
que se ampara al sol
en un acto consistente de fe.

CUANDO EL COLEGIO AMANECE

Es necesario levantarse temprano,
con el sol,
hallando sus restos
para alzarse entre acequias y pastos.
Todavía conservamos pozos de sueño en los ojos
y su reflejo llama al descanso
y al abrigo del cubrecama.
El colegio son casi tres periodos de gobierno
de los que apenas vamos en los primeros años
de aparente prosperidad.
Hay mucho por terminar y te salpica la curiosidad
por el invisible porvenir entre libros y cuadernos.
Una regla para medir la precipitación de los cielos.
Un lápiz para usar el reverso y blanquecer las nubes
al borrar sus partes grises moteadas,
calladas de tempestades.
Un tajador para las puntas del sol,
que al igual que nosotros,
siente la engreída sutileza
de volver a acostarse un momento
a costa de la oscuridad de los hombres.
O dejarle el trabajo a la luna,
que ocupa conveniente la noche
por partes de sí misma,

y solo nos mira de perfil, soberbia.
Los residuos de lo tajado son arena de metáforas.
Son el tesoro de tu juventud
que termina por levantarse
entre las paredes de sus bostezos.

PRÁCTICA DE SURF

La tabla es un extenso pañuelo
que te hace volar
y se mancha en la tinta de la aurora.
Los peces vuelan por medallones,
dibujando el mar.
El sonido de las caracolas
forma el océano y su geografía,
y la espuma del océano
y las burbujas danzantes como líquidos imanes
que, aunque parecen enloquecer,
terminan en su inseparable destino.
La orilla es mi húmero salvavidas
mientras el horizonte besa tus cabellos
lavados con neblina y espesura.
Este rincón del año te espera para surfear
donde el cielo y el mar se encuentran
para decirle al sol sus más incómodos secretos.
El profesor aguarda la angustia del primer paso
que se labra en delicado equilibrio marino
ante una acuática audiencia.
Pararse en la tabla me recuerda
a la primera marcha de tus piececitos constantes.
A tus primeros llamados,
escondidos en oceánicos pergaminos
que pocos viajeros pueden reconocer.
Hay erizos como dientes de león.

Medusas como mariposas.
La sal del mar cocina las algas para los cangrejos
y oxida los barcos.
Los ojos de los peces son lámparas acuáticas.
Las tortugas dibujan
constelaciones fugaces en el agua.
No temas perderte,
porque estoy aquí como un faro.
Poro a poro, reflejo las luces
que te traerán de vuelta
y que guían a las palomas migratorias y zorzales.
La inmensidad de mis luces secará los mares
bajo tus pies y devolverá la calma
a tu corazón de mareas,
conmovido por el golpe incansable de las olas.

Palabras desde el silencio

Desde Canaán
hasta las tierras egipcias de Gosén
sucedió el inicio de un largo peregrinaje
de doce bendiciones.
Entre los roquedales y la escasez,
la tierra cegadora y los bocados de respiraciones
como espejismos de siete años de abundancia
que luego florecieron su pérdida.
Leemos sobre el anciano bendecido
que cambió de nombre por la gracia divina
de quien puso puertos a los barcos.
Leemos sobre la verdadera fe de los hombres
y su historia que tus tiempos banalizan
con insistente fantasía.
Encontramos el silencio
donde nuevas palabras despiertan como milagros
y revolotean a nuestro alrededor de gozo.
Te bendigo más de lo que mis padres
me bendijeron.
El hacedor de todo te dará abundancia de pan,
te librará de las puertas traseras,
de la música mortal
y de los engaños que se propagan
como venenoso perfume.

Él me ha cuidado desde el día en que nací.
Ha atravesado presencias,
ha despejado el ruido de los muebles vacíos
acostumbrados a mis formas.
Musitó la calma de los años
y la razón de la experiencia.
Acarició con mis manos tu rostro
y sonrió a tu luz.
Eres mi niño, pero Él es padre sobre padre,
inmensidad creadora extendida
que rebalsa lo comprensible
con su gracia celeste.

PATINAJE SOBRE HIELO

El vértigo del verano nos llega en diciembre.
Cae la música sobre el universo,
pero no atraviesa el manto oscuro
con el que se tapa la pista de hielo.
Le han quitado a la noche parte de su vestido.
Se venden helados de fuego y refrescos volcánicos.
Queman los pies y los brazos.
Tus cachetitos son mares alados
que se evaporan en inocente juego.
Han existido climas más catastróficos sin el hombre,
pero este himno solar hierve hasta lo invisible.
Atravesamos el lugar
y vemos al pedazo de la noche:
las estrellas enloquecidas por palpar esas tinieblas,
comprimidas hombro a hombro,
enigma con enigma,
para aguantar el embate del sol
como cargar al mundo.
Debajo, la pista de hielo ha bebido
el agua de la sierra,
sus quebradas y su fría memoria
pastada por rebaños.
De cuclillas y de pie,
tropezamos juntos salpicados de gotas
que hincan como agujas a su voluntad.
Por momentos, nos dejamos caer

armados de carcajadas.
Otras veces somos gigantes
de escarcha temblorosos.
Nuestros pies han escarbado
suficientes galerías en el piso
para encontrar algún ser milenario congelado
o un latido.

CORRER CERCANOS AL MAR

Hay un rincón del cielo vigoroso
que te invita a correr.
La partida es el ruido de olas
que te lanza a la atmósfera del vértigo
y vuelve a la respiración trepidante.
El sudor en la frente como manantial de los astros.
Has viajado del cenit al nadir a relámpagos.
Tus rodillas son vestigios de sus intentos
y triunfo final.
Frescas las cicatrices como erupciones,
son caminos por donde correrán constelaciones
hoy vestidas de faroles que languidecen.
Se apagan y se prenden como fósforos.
Su agonía en soledad es un túnel
por el que musitan insectos.
Todo lo demás es penumbra a brazos extendidos.
Corres y brotan árboles de cada paso.
De sus restos nacen rosas
y de sus bocas satélites por los que orbitan
nuevas formas de la creación.
Tu pulso es la música de las estrellas
sobre el cielo nocturno.
La meta deja una estela vertical contra las rocas.
La neblina disipará las galaxias,
los caminos cansados y la sed inaplazable
que bordea los acantilados.

EL ASTRONAUTA TRAZADO

Volamos en el lomo de los aeroplanos
como alguna vez hicimos en carrozas de fuego.
Su cielo es otro cielo,
su viento oxigenado y su vértigo terrestre.
Este aeroplano es la blanca mano que nos pasea.
Su motor suena a caballos fantasmas
o a las hojas más altas de los árboles,
agitadas por el viento y las palomas.
Son flores mecánicas,
que queman la tierra con sus raíces metálicas.
La nave aprieta sus ojos al vacío
con el frío de agosto.
Sus plumas y su pico chillan historias
que contraen el cielo.
Me basta contemplar la corriente
que arruma nuestros cabellos
y reducirla a callejones por donde la calma ingresa.
Somos forasteros entre acueductos y ballenas,
entre compases.
Volamos sobre ellos:
mono, cóndor, colibrí y papagayo.
¡Estás ahí!
¡Tu mano enseña el pasadizo de las estrellas!
Eres tú anclado en el pasado
o más parece otro hermano estelar.
Los geoglifos del desierto

son constelaciones caídas a tierra
para guiar a los hombres
y ubicarlos en la existencia total.
Están las manos de una extraña criatura
que busca trepar al árbol,
que es fuente de la vida y hacienda para las arañas.
A lo lejos, la simbología del cosmos,
que los guías turísticos han llamado la estrella,
es un portal entre dimensiones.
Distante,
el reloj solar es un calendario para el hombre
y la mujer, que extienden sus brazos
en divino homenaje a los astros.
Otra figura, más humana, con un bastón
forja la tierra como los poetas a los poemas,
oyendo sus crepitaciones.
Somos remolinos en este largo viaje
de inscripciones infinitas.
Nazca y Palpa son un pergamino astral
con claros mensajes.
Podríamos hacerlos un moño y lanzarlo a Orión,
y sería descifrable.
Es vivo el mensaje como una palmada
y como tu asombro.
Se nos ha devuelto parte de nuestra esencia
al vuelo de las inquietudes más diáfanas,
surcadas por arroyos de polvo.

LLUVIA DE METEORITOS

A veces nos alejamos de los grandes ventanales
y los gestos divididos por modas y partidismos.
En las montañas el parpadeo del cielo
mueve con sus manos las nubes harapientas.
Los aparatos electrónicos exigen convergencia
ante el simulacro de vida que muchos llaman éxito.
Cuánta falta le hace al hombre apagar los teléfonos
que hasta el verso parece desafiar
esta tarea inevitable.
Desconectamos lo que no trasciende
y nos vinculamos a los botones luminosos
que bordan la noche.
Los largavistas enfocan a las orugas
que duermen sin poder adivinar
que serán mariposas.
Los paisajes más bellos están en la memoria
que nunca se perderá ni será hurtada ni robada
ni transfigurada o almacenada en una tarjeta.
Trozos de meteoritos van a lo lejos como hojas
que se queman a las puertas
del horno del firmamento.
La Estación Espacial Internacional
cabe en tu telescopio.
Sabes que los planetas no se tocan entre ellos
y bordas puentes en su superficie,
y uno a uno los traes a nuestro lado
para ver el amanecer de los halcones.

SILBATO DE AGUA

He comprado en la feria un silbato
que suena a pájaros.
Su carne se llenará con agua
y mi aliento le dará vida suficiente
para emprender los vuelos sonoros más vivaces.
Lo tendrás y tus pies volarán
por sus alas de madera.
Tu boca será un extenso pico de hueso y carne
que edificará nidos a caravanas en hilos de oro.
Oprimirás tu vientre para pasar
entre las rendijas de las casas
y se harán música de vértebras y aleteos.
Traerás los mejores regalos tiritando
o rebosando el pecho como un león resuelto
para dar caza a un venado.
Tal vez el silbato sea un artefacto
que vacíe lo árboles,
para tus nidos más altos e insondables.
O su música sea la anticipación de tu sorpresa
que florecerá cuando haya partido
en astilloso vuelo.
Tal vez de otros diluvios traerá esa mirada de adiós,
tallada para recordar su aérea voz y su quietud.

Índice

Sobre el autor

Christian Cortez Abanto (Lima, Perú, 1989). Padre de familia. Comunicador licenciado en Periodismo por la Universidad de San Martín de Porres. Estudió Dramaturgia en el Centro Cultural de la Pontificia Universidad Católica del Perú y en el Teatro Racional de Lima. Recientemente, ha culminado un curso de Astronomía en la Universidad de Arizona, ya que le apasiona utilizar el telescopio para observar las estrellas.